Reise durch

KAMBODSCHA

Bilder von
Mario Weigt

Texte von
Hans H. Krüger

Stürtz

Erste Seite:
Im Preah Khan-Tempel treten traditionell gekleidete Apsara-Tänzerinnen auf. In uralten Zeiten tanzten die himmlischen Nymphen vor den Khmer-Herrschern, heute zeigen sie hauptsächlich vor Touristen ihre Kunst.

Vorherige Seite:
Irgendwann holt sich die Natur alles zurück: Würgefeigen und die Wurzeln der Kapokbäume überwuchern den buddhistischen Tempel Ta Prohm aus dem Jahre 1186.

Unten:
Reinigendes Wasserbad für Körper und Seele: In der Klosteranlage Nokor in der Stadt Kompong Cham segnet ein buddhistischer Mönch eine Gruppe Gläubige.

Seite 10/11: Sonnenaufgang in Kompong Chhnang am Tonle Sap-Fluss. Fischer staken auf ihren schmalen Holzbooten zum Fang hinaus. Der Name Chhnang bedeutet Tontopfhafen.

Inhalt

Kambodscha und der Traum von der Goldenen Zeit

Scheinwerfer erleuchten den monumentalen Bayon-Tempel. Er liegt in der geografischen Mitte der Stadt Angkor Thom. Eine Stelen-Inschrift sagt: „Die Stadt, geschmückt mit einem Palast aus Edelsteinen, wurde von diesem König geehelicht, um das Universum zu zeugen." Bei dem König handelt es sich vermutlich um Jayavarman VII. (1181–1219). Die Kulisse dient manchmal für Tanzveranstaltungen.

Wie, bitte, kommt man am schnellsten nach Kambodscha? Einfache Antwort, sollte man meinen: Ins Flugzeug steigen, nach Bangkok fliegen, dort umsteigen in die nächste Maschine. Nur 55 Minuten später setzen die Flugzeugreifen quietschend auf der Betonbahn des Flughafens von Phnom Penh auf.

Wenn es denn nur so unkompliziert wäre! Ankommen in Kambodscha, heißt noch lange nicht, auch da zu sein. Es gibt Besucher, die seit Wochen im Land sind, aber immer noch nicht wissen, wo sie sich eigentlich befinden. Andere bevorzugen die intellektuelle Form der Annäherung, arbeiten sich durch Reiseführer, Romane und Geschichtswälzer. Danach ist man dann zwar mit dem Kopf anwesend, aber die Seele befindet sich in einem Zwischenraum.

Die einfachste Form, Kambodscha wirklich zu erleben, ist vielleicht diese: Man fährt früh am Morgen auf der Nationalstraße 2 von Phnom Penh in Richtung Takeo. Die Sonne hängt hinter einer Dunstwolke; Reisfelder, Bananenplantagen und Kokoshaine scheinen in Pastellfarben gemalt. Bauern transportieren Stroh auf Ochsenkarren, Frauen schieben chinesische Fahrräder der Marke „Phoenix", die mit Feuerholz beladen sind. Lastwagen, bei denen das Führerhaus inklusive Motor frei liegt, ziehen Dieselschwaden hinter sich her. In einem Feld schneidet eine Gruppe junger Mädchen mit altertümlichen Sicheln Reisgarben. Auf dem Kopf tragen sie farbenfrohe Baumwolltücher wie Turbane, die in Khmer Krama heißen. Als der Vorarbeiter den Besucher erblickt, fragt er: „Sir, haben Sie die Medizin dabei, damit man so schön dick wird wie die Westler?"

Und damit ist man endlich da.

Es gibt offene Länder und verborgene, Orte dunkler Unbegreiflichkeiten und Plätze lichter Erkenntnisse. Manche Türen sind uns geöffnet, andere bleiben uns für immer verschlossen. Verlassen und allein stehen wir außerhalb der Sprache und der Geschichten. Kambodscha ist unter all den Nationen Südostasiens eine der schwierigsten und geheimnisvollsten. Geschmei-

dig entzieht es sich allen Deutungen und Erklärungen. Es stellt mehr Fragen, als Antworten zu geben. Es versteckt seine Trauer hinter einem dunklen Lächeln. Schichten von Korruption und Gewalt liegen wie eine Patina der Furcht übereinander. Manchmal strahlt das Land eine verzweifelte Schönheit aus. Melancholie hängt über Menschen und Dingen.
Nichts ist einfach. Selbst Zahlen und Statistiken verraten nur die Hälfte. Mit 180 000 Quadratkilometern zählt die Heimat der Khmer zu einem der kleinsten Länder Südostasiens. Kambodscha hat 14,24 Millionen Einwohner. Rund 95 Prozent der Einwohner sind Anhänger des aus Sri Lanka kommenden Theravada-Buddhismus. Laut Verfassung ist Kambodscha eine demokratische konstitutionelle Monarchie. Staatsoberhaupt ist seit 2004 König Norodom Sihamoni. Die Gesetzgebung besteht aus zwei Kammern, Nationalversammlung und Senat. Liest sich schön. Und die Wahrheit? Der Staat ist geheimnistuerisch, misstrauisch, paternalistisch und bürokratisch. Seine vordringlichste Aufgabe scheint darin zu bestehen, sich um sich selbst zu kümmern. Die Interessen der Herrschenden triumphieren über die Unparteilichkeit der Gesetze. Reichtum wird nicht erschaffen, sondern zu eigen gemacht. „Das hier ist eine anarchistische Demokratie", sagt Peter, der in Phnom Penh ein Restaurant unterhält.
Das heutige Kambodscha erinnert an einen politischen und wirtschaftlichen Zwerg, der von einer Zeit träumt, als er ein Riese war. Staatliche Symbole spiegeln den Wunsch nach einstiger Macht wieder: Stolz prangen die gewaltigen Türme von Angkor Wat, eine der beeindruckendsten historischen Kultstätten Asiens, auf der Staatsflagge und den Geldscheinen. Selbst die Nationalhymne klingt wie ein tiefes Seufzen nach der vergangenen, großen Zeit: „Tempel sind im Wald schlafend verborgen, erinnernd an den Glanz von Moha Nokor. Wie ein Stein ist das Volk der Khmer ewig. Lasst uns auf das Schicksal Kambodschas vertrauen, das Reich, das die Jahre herausfordert."

Von Königen und Verbrechern

Begonnen hat das Goldene Zeitalter der Khmer mit einem hinduistischen Prinzen aus Java. Nicht weit vom späteren Angkor errichtet er um 800 seine Hauptstadt. Er gibt sich den Namen Jayavarman II. und lässt sich zum Chakravatin weihen, indisch für Weltherrscher. Kurz nach seinem Tod wird die Hauptstadt nördlich des Tonle Sap-Sees verlegt. Nachfolger Indravarman I. baut hier den Tempelberg Bakong. Während der Regierungszeit seines Sohnes, Yasovarman I., wird das mächtige Ang-

Der süße Geschmack (und Duft) der Tropen: Gemüse- und Obststand auf dem Psar Leu-Markt in Sihanoukville.

kor errichtet. Bis ins 15. Jahrhundert ist diese Region nahe der Stadt Siem Reap Zentrum des mächtigen Kambuja. Auf einer Gesamtfläche von mehr als 200 Quadratkilometern entstehen nacheinander mehrere Hauptstädte mit riesigen Tempelanlagen und Heiligtümern.
Schlechte Wasserversorgung, schwache Könige und neue dynamische Reiche in Siam und Vietnam führen zum Niedergang des Khmer-Reiches. Als Kambodscha 1863 Protektorat Frankreichs wird, verhindert es damit zumindest, von Siam und Vietnam vollständig eingenommen zu werden. 1941 setzen die Franzosen den damals 19-jährigen Prinzen Norodom Sihanouk als König ein. Während des II. Weltkriegs besetzten die Japaner kurze Zeit das Land. Die vollständige Unabhängigkeit von Frankreich erhielt Kambodscha erst 1953.
Als der Vietnamkrieg beginnt, versucht Sihanouk alles, sein kleines Land aus dem Konflikt herauszuhalten. Vergebens, Kambodscha wird zwischen den kämpfenden Parteien zerrieben. Nordvietnamesische Truppen und der Vietcong benutzen das Grenzgebiet als Rückzugszone. Das US-Militär reagiert mit geheimen Flächenbombardements, unter denen hauptsächlich die Zivilbevölkerung leidet. Hunderttausende sterben. Im Juni 1970, Sihanouk befindet sich auf einer Auslandsreise, putscht der proamerikanische General Lon Nol und ruft das Kriegsrecht aus. Mit Hilfe der Amerikaner und Süd-Vietnams will er die kommunistische Bedrohung beenden. Längst hat sich aber auch im eigenen Land eine immer stärker werdende Guerillabewegung formiert, die Roten Khmer unter der Führung des ehemaligen Lehrers Saloth Sar, besser bekannt als Pol Pot. Am 17. April 1975 marschieren etwa 20 000 Rote Khmer in Phnom Penh ein. Von der Bevölkerung werden sie begeistert empfangen. Niemand ahnt, was für ein Schreckensregime Kambodscha bevorsteht.
Pol Pot und seine Mitstreiter träumen von einer Wiederauferstehung des mächtigen Angkor-Reiches, von der Etablierung eines kommunistischen Bauernstaates. Um diese Ziele zu erreichen, werden alle zivilisatorischen Regeln außer Kraft gesetzt. Phnom Penh, durch Kriegsflüchtlinge auf zwei Millionen Menschen angewachsen, wird in wenigen Wochen entvölkert, die Bewohner in Kollektive aufs Land verbannt. Abgeschafft wird alles, was den Menschen Halt, Trost und Würde gibt: Familie, Religion,

Krankenhäuser, Geld, Märkte, Feiertage, Justiz … Verboten sind Gefühlsäußerungen wie Lachen oder Weinen. Es scheint, als sei das ganze Land von einer Tollwut der Seele erfasst.
Zwischen 1,7 und 2,2 Millionen Menschen kamen ums Leben. Sie werden kaltblütig umgebracht, verhungern oder sterben durch Krankheiten und Seuchen. Aber nicht Zahlen vermitteln die Grausamkeit eines Regimes, sondern das Schicksal des Einzelnen. Kambodschaner ab fünfzig sind entweder Täter oder Opfer. Wenn man länger als zehn Minuten mit ihnen spricht, fangen sie alle an zu weinen. Frau Phalla, 50, ist Führerin im Tuol Sleng-Museum. Routiniert leitet sie einheimische Schulklassen und ausländische Besucher durch den Topos des Schreckens. Wenn sie von der eigenen Familie erzählt, verliert sie ihre professionelle Zurückhaltung: Ein Bruder, die Schwägerin und die fünf Kinder seien von den Roten Khmer ertränkt worden. Ihr älterer Bruder, der Pilot war, wurde in Tuol Sleng ermordet. Zwei Schwäger seien bei ihrer Flucht nach Vietnam getötet worden. Ihr Mann wurde im Grenzgebiet zu Thailand mit Bambusspeeren erstochen. Frau Phalla sagt: „Junge Leute können sich nicht vorstellen, dass so wenige so viele umgebracht haben. Es ist außerhalb ihrer Vorstellungskraft. Ungläubig fragen sie mich: ‘Hätten Sie nicht zur Polizei gehen können?‘ Aber es gab doch keine Polizei. Es gab keine Gerichte, keine Gerechtigkeit. Nur die Roten Khmer.“
Ein Staat, dessen Existenz nur auf Unterdrückung und Gewalt fußt, ist langfristig zum Untergang verurteilt. Nach drei Jahren, acht Monaten und 22 Tagen beenden einmarschierende vietnamesische Truppen die Herrschaft der Roten Khmer. Nur langsam kehrt ein gewisses Maß an Normalität zurück. Der Mann, der das Land in den Abgrund geführt hat, muss sich nie für seine Taten verantworten. Pol Pot stirbt am 15. April 1998 an Herzversagen. Ta Mok, einer seiner alten Wegbegleiter, würdigt ihn in einem hasserfüllten Nachruf: „Pol Pot ist gestorben wie eine reife Papaya. Niemand hat ihn getötet, niemand ihn vergiftet. Jetzt ist er erledigt. Er hat keine Macht, er hat keine Rechte, er ist nicht mehr als Kuhscheiße. Kuhscheiße ist wichtiger als er. Wir können sie als Dünger benutzen.“
Und die Menschen in Kambodscha? Zumindest auf den ersten Blick scheinen sie den Frieden und die Übereinstimmung gefunden zu haben, nach denen sie sich so lange gesehnt haben. Überall begegnet einem das sanfte Lächeln der Khmer, aber immer fragt man sich, wie viel Trauer jeder mit sich schleppt. Die Vergangenheit ist ein Gegenstand der Angst und Schwermut; zerstörte Seelen sind schwer zu heilen.

Unterwegs in einem vergessenen Land

Es ist das Phänomen der Moderne: Reichtum und Wohlstand haben viele Länder Südostasiens in austauschbare Destinationen verwandelt. Das Hinterland ist eine Mischung aus adretten Siedlungen und gesichtslosen Kleinstädten, Städte werden zur Addition aus Hochstraßen, Tunnels, Wolkenkratzern; falsche Glitzerwelten, futuristische Albträume, eine Architektur zwischen Größenwahn und Depression. Doch wer nach Kambodscha kommt, entdeckt das Unverfälschte, das Echte, das Althergebrachte. Merkwürdigkeiten und Stimmungsbilder aus einem scheinbar glücklichen Land:

Beginnen wir dort, wo alle hin möchten. Auf dem Provinzflughafen von Siem Reap treffen sich die Rastlosen der Welt, Reisegruppen aus Japan und Argentinien, Kunstbeflissene aus Frankreich und Deutschland, schwergewichtige Amerikaner, laute Russen und qualmende Rot-Chinesen. Sie alle suchen die Heimat der Fantasie. Siem Reap ist das Tor zur steinernen Vergangenheit. In einer Landschaft, die so glatt ist wie ein straff gezogenes Tischtuch, verlieren sich zerstörte Tempelanlagen, bröckelnde Mauern, eingestürzte Fundamente und überwucherte Steinblöcke. Dann wieder erheben sich Mausoleen, Paläste und Göttersitze, als seien sie erst gestern verlassen worden. Man reist durch die Landschaft wie durch die Jahrtausende: der gewaltige Tempelberg Bakheng (Bauzeit 893) hier, die dreistufige Pyramide des Bayon-Tempels (erbaut im 12.–13. Jahrhundert) dort. Tempel wie Angkor Wat (erbaut 1110–1150) sind so schön, dass manche Leute bezweifeln, dass er ein Ort der Wirklichkeit ist.

Und weiter zur nächsten Sehenswürdigkeit. In lehmigen Bächen suhlen sich Büffel. Kleine Jungen lassen Drachen steigen. Die Dörfer bestehen aus Stelzenhäusern. Am Straßenrand wird frischer Zuckerrohrsaft verkauft. Das buddhistische Kloster von Ta Prohm aus dem Jahre 1186 wurde längst von der Natur zurückerobert. Baumriesen ragen aus einem Steinmeer, dicke Wurzeln umklammern Mauern und Gebäude. Über Steinhaufen klettern die jungen Arbeiterinnen einer Zigarettenfabrik aus Phnom Penh. Firmenausflug, alle sind glücklich. Ob abends, wenn die letzten Touristenbusse abgefahren sind, die Götter an ihre Wohnstätten zurückkehren?

Noch so einer dieser verwunschenen Plätze, Battambang im Nordwesten, zweitgrößte Stadt des Landes. Die Zeit steht nicht still, aber sie läuft sehr langsam. Gouverneurspalast, Gericht, Schule, Villen und die Handelshäuser am Sangker-Fluss zeigen das süßliche Antlitz französischer Kolonialarchitektur. Zum Frühstück gibt

Motorrad, Holzkarren mit Brettern als Sitzbänke – und fertig ist das Transportmittel für den Nahverkehr. Die Passagiere sind, ihre Kleidung verrät es, Mitglieder der moslemischen Minderheit der Cham. Unterwegs sind sie in der Nähe von Sihanoukville.

es frische Baguettes. Das Gebiet um Battambang gilt als die Reiskammer des Landes, Erdnuss-, Zuckerrohr- und Reisfelder erstrecken sich bis zum Horizont. Dazwischen verstecken sich Bauerndörfer, die eine perfekte Kulisse für jeden Exotikfilm bilden. Schlanke Zuckerpalmen, von den Khmer „thnot“ genannt, erheben sich an den Reisfeldern wie Ausrufezeichen in den Himmel. Nach Einbruch der Dunkelheit hört man das leise Flap-Flap der Flughunde, wenn sie zu den Obstplantagen fliegen.
In klimatisierten Bussen rollt der Besucher auf roten Staubbahnen und wenigen Asphaltstraßen durch die Exotik der Fremde. Es gibt viel zu entdecken: Phnom Sontuk, der bedeutendste heilige Berg im Nordwesten, mit seinen Pagoden und Buddha-Bildnissen; die Provinz Rattanakiri, in deren abgelegenen Urwäldern Kambodschas ethnische Minderheiten leben; die Fischerdörfer am Tonle Sap, dem größten Süßwassersee Südostasiens; Stung Treng, die schönste Stadt am Mekong; Kratie, der verschlafene Flusshafen am Mekong, wo noch eine Kolonie stupsnasiger Süßwasserdelfine lebt. Kurz vor der Ankunft in Sihanoukville, Kambodschas wichtigstem Badeort am Golf von Siam, sagt die verschüchterte Busbegleiterin: „Ich hoffe, die Reise hat Ihnen Spaß gemacht. Und Sie werden für alle Zeit mit Mekong Express fahren.“ Für alle Zeit klingt sehr lang.

Willkommen in Phnom Penh

Die Stadt hat über 1,2 Millionen Einwohner. Wie ein Traum erhebt sie sich aus der flachen Ebene am Zusammenfluss von Tonle Sap und Mekong. Es ist der einzige Ort der Welt, an dem man Mao Tse Tung und Charles de Gaulle einen Boulevard gewidmet hat. Königspalast und Nationalmuseum gelten als wichtigste Sehenswürdigkeiten. (Wer den Palast in kurzen Hosen und mit nackten Schultern besichtigen will, muss am Eingang Sarong und T-Shirt ausleihen). Ockerfarbene Erinnerungen an die französische Kolonialzeit vermitteln die alten Villen und Ministerien im Palastviertel und die Gebäude um den Wat Phnom, wo einst die französische Stadt lag. Das teuerste Hotel der Stadt heißt „Raffles Hotel Le Royal“. An seiner berühmten Elephant Bar wird das Allheilmittel gegen Malaria, Moskitostiche und Heimweh ausge-

schenkt: Gin Tonic. Zentrum des kambodschanischen Buddhismus ist der Tempel-Komplex von Wat Ounalom. Beim Nationalmuseum in der 118. Straße ballen sich die Kunstgalerien. Alle verkaufen die gleichen, süßlichen Sujets: Bauern bei der Reisernte, Hütejungen mit indischen Kühen, pittoreske Dörfer ohne Elektrizitätsleitungen, die geheimnisvollen Gesichter der Angkor-Könige, junge Khmer-Frau mit Vase im Arm. Die Bilder sind kein Kitsch, sondern spiegeln nur das tiefe kambodschanische Verlangen nach Frieden, Stille, der verschwundenen Zeit wider. Ölgemälde in Spachteltechnik kosten zehn Dollar mehr. „Dafür benötigt der Künstler mehr Farbe", erklärt die Verkäuferin.
Phnom Penh ist riesig, ausufernd, unübersichtlich. Avenues haben die Größe von Landebahnen, Grünflächen erinnern an eine Ballung von Fußballfeldern. Neuankömmlinge erkunden die Stadt im Tuk-Tuk. Dabei handelt es sich um ein Moped, dessen bunter, überdachter Anhänger mit zwei gegenüberliegenden Sitzbänken ausgestattet ist. Oder man heuert ein Mopedtaxi an, genannt Moto. Der Rücksitz ist verbreitert. Er bietet Platz für zwei Westler oder drei Kambodschaner oder fünf Schulkinder. Jede Fahrt wird zum Erlebnis. An den großen Ampelanlagen zeigen digitale Anzeigen die Sekunden der Rot- und Grünphasen an. Bei den letzten drei Sekunden Rot geben alle Vollgas.
Handel und Wandel bestimmen das Leben. Auf dem Russenmarkt, auf dem es weder Russen gibt, noch Waren, die in Russland hergestellt werden, nähen Schneiderinnen und Schneider Kleider, Röcke und Blusen nach den Schnittvorlagen von Burda Moden. Unter der luftigen Kuppel des Zentralmarktes werden an unzähligen Schmuckständen Jade-Anhänger, Silberarmbänder, Saphire, Rubine und hochglänzende Zirkone in den Farben Grün, Gelb, Orange, Rot und Blau verkauft. Draußen, an der Straße, warten Blumenstände auf Kundschaft. Fräulein Srey Roth, 35, stellt gerade einen farbenfrohen Geburtstagsstrauß zusammen. Das Blumenstecken hat sie von ihrer Mutter gelernt. „Weiß und Gelb sind die Farben für Beerdigungen", sagt Fräulein Srey Roth. Jeden Tag bringt ein Lastwagen aus dem vietnamesischen Hochland bei Dalat frischen Nachschub.
Phnom Penh ist süchtig nach der Zukunft. Nirgendwo anders sind in so kurzer Zeit so viele private Universitäten, Colleges und Sprachschulen gegründet worden. Das Idiom der ehemaligen französischen Kolonialherren ist out, alle wollen Englisch lernen. Dabei hilft ihnen Herr Song, 38. In den 90er-Jahren kehrte der ehemalige Kriegsflüchtling aus Kanada nach Kambodscha zurück. Zuerst arbeitete er als Reiseführer, später eröffnete er ein Reisebüro.

Diese Boote liegen im Krabbenhafen von Kep. In den 60er-Jahren war Kep am Golf von Siam ein mondäner Badeort mit hübschen Hotels und Restaurants. Von den Roten Khmer wurde alles bis auf die Grundmauern zerstört.

Seit 2003 ist er stolzer Besitzer der „Western International School". Unterricht vom Kindergarten bis zur zwölften Klasse, 1500 Schülerinnen und Schüler, 26 Englischlehrer und in der Schulbroschüre werden nur die mit weißer Hautfarbe im Foto gezeigt. Herr Song sagt: „Unser Slogan lautet: Beginne deine Zukunft heute."

Wie überall im Osten findet das wahre Leben draußen statt. Straßen und Plätze sind öffentliche Bühnen, auf denen gehandelt, gelebt und geruht wird. Der Besucher wandert durch Straßen und Gassen. Was er sieht, sind kleine Facetten eines großen Bildes: einen Friseursalon mit Namen „Kennedy Haircut", kleine Jungen, die Zigaretten der Marke „Alain Delon" verkaufen. An einer Bushaltestelle wartet eine Gruppe Mönche. Gegen die gleißende Sonne haben sie gelbe Regenschirme aufgespannt. Tuk-Tuk-Fahrer halten ihren Mittagsschlaf, Mango-Verkäuferinnen sind auf ihren niedrigen Hockern eingenickt. Nur die Altstadt scheint nie zu schlafen. In dem Häusermeer, überladen mit grellen Reklametafeln, arbeiten vietnamesische Handwerker, gehen chinesische Ladenbesitzer ihren Geschäften nach. Frau Tang sagt: „Hier kennt man keinen Feiertag." Frau Tang ist Ende vierzig, klein, rund und keine Frohnatur. Anfang der 80er-Jahre hat sie in einem Land studiert, das nur noch in der Erinnerung existiert, in der DDR. Sie arbeitet als deutschsprachige Reiseleiterin und sagt Sätze, die wegen ihrer tiefen Wahrhaftigkeit in keiner Regierungserklärung zu lesen sind: „Die Vietnamesen sind fleißig, die Chinesen kontrollieren Handel und Wirtschaft, und die Regierung ist korrupt." Ein tiefes Durchatmen, dann die nächste Katastrophenmeldung: „Die Säuglingssterblichkeit ist hoch und die medizinische Versorgung auch nicht gut."

Gegen 17 Uhr, wenn die Hitze langsam nachlässt, versammeln sich an den Kreuzungen Verkehrspolizisten rudelweise, um sich ihr Abendessen zu verdienen. Höhere Chargen haben höhere Ziele. Wenn ein Polizeioffizier im Fond eines Mercedes S 320 an einem vorbeirollt, weiß man, dass er nicht von mickrigen 100 Dollar Monatsgehalt leben muss. Einwohner und Besucher treffen sich an der Sisowath-Promenade am Ufer des Tonle Sap-Flusses. Ambulante Händler verkaufen Luftballons, an kleinen Ständen gibt es gegrillte Hühnerschenkel, getrockneten

Was bringt die Zukunft? Frau Mov Pearon, 60, arbeitet als Wahrsagerin an der Sisowath-Promenade in Phnom Penh. Sie verrät ihren Landsleuten alles über Liebe, Gesundheit und Geld. Ihr Beruf ist in Kambodscha hoch angesehen. Es gibt sogar einen Königlichen Astrologen, Herrn Borin Im. Dessen Vorhersage fürs Jahr der Ratte klingt allerdings düster: Inflation, Überschwemmungen, steigende Lebensmittelpreise – und die Ehefrauen hoher Regierungsbeamter werden schnell frustriert sein.

Tintenfisch, frischen Zuckerrohr- und Kokosnusssaft. Ausflugsboote warten auf Fahrgäste, um in den Sonnenuntergang zu tuckern. Fünf Dollar für eine Stunde Romantik pur.
Volles Haus beim besten Chinesen am Sisowath Quay. Am Nebentisch lärmt eine Gruppe Khmer. Die Hälfte von ihnen trägt Hawaiihemden in Schockfarben und hat blondgefärbte Haare. „Das ist die Verwandtschaft aus Kalifornien", entschuldigt das Familienoberhaupt. Später treffen sich im Cathouse IT-Experten aus Hongkong, Facharbeiter aus Manila, Englischlehrer aus Sydney und Mediziner aus Frankreich zum Poolbillard-Spielen und auf ein kühles Angkor- oder Tiger Bier. Hinter der runden Bar sitzen die Bedienungen aufgereiht wie Hühner auf einer Stange. Sie sind jung und hübsch. Aufrichtig lächeln sie die Gäste an, obwohl doch das kambodschanische Sprichwort weiß: „Mean touk mean frey, mean luy mean strey." (Wo Wasser ist, dort gibt es Fische, wo Geld ist, dort gibt es Frauen.)
Um Mitternacht wird die Stadt zum Sehnsuchtsort. Eine Luft wie Samt, Straßenlampen werfen ihr Licht über Büsche mit üppig blühendem Goldregen, scharlachrote Bougainvillea und die roten Blüten der Hibiskussträucher. In einer Hängematte schläft ein Tagelöhner. Vor einem Geisterhäuschen am Straßenrand liegt als Opfergabe ein Kranz aus Jasminblüten. Von glühenden Räucherstäbchen steigt eine Rauchspirale zu einem Himmel mit tausend mal tausend Sternen.

Seite 22/23:
Dies war mal der Privattempel eines Brahmanen königlicher Abstammung mit großen Mauern, Wassergraben, zwei Bibliotheken, Meditations- und Wohngebäude, hohen Türmen. Erbaut wurde er um 967. Mauern, Stürze, Giebel und Friese sind mit wunderschönen, feinziselierten Steinmetzarbeiten überzogen.

Seite 24/25:
Die Idylle der Provinz: Typische Khmer-Häuser bei Kompong Cham. Sie stehen auf Stelzen, werden von Schatten spendenden Palmen überragt. In den großen Krügen aus Beton oder Ton wird Regenwasser aufgefangen. Unter den Häusern ruht das liebe Vieh, Hühner, Enten, Schweine, Kühe, Kälber.

Aus einem grünen Naturrahmen erhebt sich der dreistufige Pyramidenberg mit den fünf gezackten Türmen von Angkor Wat. Sie symbolisieren die fünf Gipfel des mythischen Berges Meru, Mittelpunkt des Universums und Sitz der Hindugötter.

Siem Reap, Hauptstadt der gleichnamigen Provinz, besteht aus frisch getünchten Kolonialhäusern und hässlichen Betonbauten. Auf dem geschäftigen Markt werden wundervolle handgewebte Seidenstoffe angeboten. Internet-Cafés repräsentieren die Neuzeit. Abends treffen sich auf der Promenade des Siem Reap-Flusses kambodschanische Liebespaare; nur die ganz Mutigen halten sich an den Händen. Südlich der Kleinstadt liegt der Tonle Sap, Südostasiens größter und fischreichster See. Auf der riesigen Wasserfläche verlieren sich schwimmende Dörfer, deren Häuser auf Bambusflößen oder Booten ruhen. Die Kinder gehen nicht, sondern paddeln zur Schule. Ihre Väter fischen nach fingerlangen Stichlingen, aus denen die berüchtigte, fermentierte Fischsoße Prahok hergestellt wird.

Wo am Stadtrand von Siem Reap das verzweigte Netz staubiger Straßen beginnt, taucht eine andere Welt auf. Das Land ist flach wie ein Billardtisch. Dschungel wechselt sich ab mit Kokosnussplantagen, Bananenhainen, Reis- und Zuckerrohrfeldern. Die kleinen Dörfer bestehen zumeist aus Stelzenhäusern. In dieser verschlafenen, provinziellen Umgebung wirken die Tempelanlagen von Angkor noch imposanter und beeindruckender. Vom späten 9. Jahrhundert, als König Yasovarman I. seine Kapitale nach Angkor verlegte, bis ins 13. Jahrhundert lag hier das Machtzentrum Südostasiens. In dieser Zeit herrschten die Khmer-Könige von Angkor über ein Gebiet, das vom heutigen Malaysia bis zum chinesischen Yünnan, von Vietnam bis zum Golf von Bengalen reichte. Mit gewaltigen Tempeln, Klöstern und Pagoden demonstrierten sie ihre absolute Macht und tiefe Gläubigkeit. Künstliche Berge wurden aufgeschüttet, riesige Wassergräben angelegt. Das Ergebnis sind unvergleichliche Kunstwerke.

Oben:
Das kambodschanische Taxi hat keinen Stern auf der Kühlerhaube. Es hat überhaupt keine Kühlerhaube. Stattdessen besteht es aus einem Moped mit Anhänger. Das ganze heißt Tuk-Tuk. Hier sehen wir zwei von ihnen in der Altstadt von Siem Reap.

Rechts:
Die königliche Familie ganz groß: Am Straßenrand in Siem Reap erheben sich die Porträts von Ex-König Sihanouk und seiner Frau Monique. Auf dem Thron sitzt Sihanouks Sohn und Nachfolger, König Norodom Sihamoni.

Links:
Restaurierte Kolonialhäuser in der Altstadt von Siem Reap. Die Kleinstadt ist das Tor zu den Tempeln von Angkor.

Unten:
Wenn der große Regen kommt, werden vor den Geschäften der Altstadt von Siem Reap die Markisen herunter gelassen.

Oben:
Brennende Kerzen, betende Mönche, ein schönes Paar in Seide: traditionelle Khmer-Hochzeit in Siem Reap.

Rechts:
Begleitet von Freunden und Familienangehörigen ist dieser junge Mann auf dem Weg zum Haus seiner Zukünftigen. In der Hand hält er Lotosblumen und Räucherstäbchen, die er im Schrein den Schwestergottheiten Ang Chek und Ang Chom spenden wird.

Oben:
Viele Hände verkürzen die Arbeit: Bootsmaler in Siem Reap. Die Boote werden für das Bootsrennen im Spätherbst bemalt.

Links:
In der Stadt triumphiert längst der schlechte Geschmack. Da tragen immer mehr Khmer Baseballmützen. Auf dem Land wird die Tradition hochgehalten, Frau (und Mann) benutzen das traditionelle Krama-Tuch. Es ist Kopftuch, Schal, Gürtel und Tragetuch in einem.

Seite 32/33:
Blaue Stunde in Angkor Wat. Der riesige Tempelbezirk gilt als Meisterleistung der klassischen Khmer-Architektur. Erbaut wurde die Anlage in der ersten Hälfte des 12. Jahrhunderts unter König Suryavarman II.

Schon von weitem sind die mächtigen Türme von Angkor Wat zu sehen. Heute wird der Tempelkomplex von buddhistischen Mönchen betreut. Umgeben ist die gesamte Anlage von breiten Wassergräben, hinduistisches Symbol für das Urmeer.

Einzigartig sind die Flachreliefs an den Mauern des inneren Tempelbezirks von Ankor Wat. Sie stellen Szenen aus Hindu-Epen dar. Oder, wie auf unserem Foto, eine Gruppe von Apsara-Tänzerinnen.

In Angkor Wat wird das buddhistische Tak Baat-Fest gefeiert. Gläubige überreichen den Mönchen Opfergaben wie Essen und Geld.

Seite 38/39:
Im Zentrum der alten Khmer-Stadt Angkor Thom erhebt sich der Tempelberg Bayon. Als die dreistufige Pyramide errichtet wurde, hatte der Hinduismus an Bedeutung verloren. Bestimmend war ab jetzt der Mahayana-Buddhismus.

Links und unten:
Die Gläubigen bringen als Geschenke kunstvoll verzierte und geschmückte Bananenstümpfe zum Tak Baat-Fest. Und in der Tempelküche von Angkor Wat dampfen die Töpfe.

Oben:
Gesichtsturm im Bayon-Tempel. Keines der Gesichter ist gleich, doch immer zeigt es den Bodhisattva des universellen Mitgefühls vermutlich mit den Zügen von König Jayavarman VII.

Rechts:
Wände, Pfeiler und Stürze des Bayon-Tempels sind mit kunstvollen Flachreliefs verziert.

Seite 40/41:
Diese Gesichtstürme krönen den Zentralbau des Bayon-Tempels. Ursprünglich waren es 54 Türme, 37 blieben erhalten. Von jedem Turm blicken 3 bis 4,5 Meter hohe Gesichter in die vier Himmelsrichtungen. Erbaut wurde die Anlage unter König Jayavarman VII. (1181–1219).

Seite 44/45:
Pracht und Herrlichkeit sind so flüchtig wie Rauch und Wolken: Baumwurzeln haben den buddhistischen Tempel Ta Prohm wie ein Korsett eingegürtet.

Ganz links:
Der Erleuchtete ist überall: Buddha-Statue im Bayon-Tempel.

Links:
Ein buddhistischer Mönch vor dem Turmheiligtum Preah Palilay aus der Mitte des 12. Jahrhunderts.

Unten:
Was kann man aus den steinernen Gesichtern des Bayon-Tempels lesen? Weisheit, Verinnerlichung, Entrücktheit?

Wenn die Natur zum Baumeister wird, ist es vorbei mit Geraden, Ecken und Kanten. Am besten kann man das im vom Dschungel überwucherten buddhistischen Tempel Ta Prohm beobachten. Ein Mönch schreitet durch die uralten Steinhaufen. Selbst die Tempelreliefs sind mit Wurzelwerk überzogen.

Angkor Wat und die Macht der Steine

Jedes Leben endet mit dem Tod, aber manche Dinge überdauern Zeit und Raum. Um die kambodschanische Provinzstadt Siem Reap haben sich Gottkönige in Sandstein verewigt. Es herrscht die perfekte Illusion des Vorgestern, als die Welt noch ein sehr alter Ort war: Aus dem Grün des Landes erheben sich mächtige Pyramidentempel. Schmale Straßen führen durch kunstvoll verzierte Steintore, die mit drei Meter hohen Gesichtern geschmückt sind. Verlassene Klöster, vom Dschungel überwuchert, träumen von einer glorreichen Vergangenheit. Ziegeltürme halten einsame Wacht. Dies sind die weltberühmten Stadtanlagen, Tempel und Klöster von Angkor. Über den Tod hinaus wollten die Herrscher des Khmer-Reiches ihren Ruhm und ihr Andenken bewahren – ihr architektonisches Erbe wurde zur Bühne eines versunkenen Zeitalters.

Tatsächlich sind die Tempel von Angkor mehr als nur die Summe vieler religiöser Bauten. Die Überreste aus zwölf verschiedenen Khmer-Hauptstädten und deren Siedlungen repräsentieren das Gedächtnis eines Landes, das steinerne Herz von Epochen. Ausdrucksvolle Steinmetzarbeiten von Tänzerinnen, Soldaten, Kriegern, Arbeitern und Elefanten wurden zum Andenken der Schönheit. Sie beweisen aber auch: Pracht und Herrlichkeit sind so flüchtig wie Rauch und Wolken.

Zwischen dem 9. und 16. Jahrhundert entstanden rund tausend dieser Monumente. Heute wissen wir, dass es sogar noch mehr sind. 2007 entdeckte ein Archäologenteam der Universität Sydney um Angkor Wat eine riesige Siedlung mit einer Fläche von 1000 Quadratkilometern. Mithilfe von Radarmessungen der US-Weltraumbehörde NASA konnten Spuren von mehr als 1000 künstlich angelegten Seen nachgewiesen werden. Das komplexe Bewässerungssystem aus künstlichen Reservoirs war überlebenswichtige Grundlage für die Stadtstaaten von Angkor. Außerdem fanden die Forscher wenigstens 74 zuvor übersehene Tempel.

Angkor zeigt zwei kulturelle Strömungen: Am Anfang war die hinduistische Kultur Indiens bestimmend, später wurde der Buddhismus zur maßgebenden Religion. Das Ergebnis sind unvergleichliche Kunstwerke. Manche Bauten, wie der Tempel Ta Prohm, sind völlig vom Dschungel überwuchert. Baumwurzeln haben die Mauern gesprengt, Lianen bedecken eingestürzte Fundamente und gewaltige Sandsteinblöcke. Andere Tempel, wie Angkor Wat, scheinen erst vor kurzer Zeit verlassen worden zu sein. Die Anlage wurde erst 1860 vom französischen Naturforscher Henri Mouhot wiederentdeckt. Auf seine Frage, wer das gewaltige Bauwerk errichtet habe, erklärten die Einheimischen: Das könnten nur Riesen gewesen sein oder der König der Engel. Keine schlechte Antwort.

Der Tagespass, Eintritt zu fast 100 Tempeln, kostet 20 Dollar. Es gibt einen großen und einen kleinen Rundweg. Erobert wird die Vergangenheit per Mietwagen, Moped (inklusive Fahrer) oder Tuk-Tuk. Oder man mietet sich ein Fahrrad und gleitet lautlos durch eine Wunderwelt. Alle Wege enden im größten Meisterwerk der Khmer-Kunst, in Angkor Wat. Vermutlich wurde die Anlage im zwölften Jahrhundert unter der Herrschaft von König Suryavarman II. erbaut. Sie gilt als größtes religiöses Bauwerk der Erde. 1992 hat die UNESCO die Ruinen zum Weltkulturerbe erklärt. Über einen Wassergraben führt ein 220 Meter langer Steindamm zu dem riesigen Komplex, eingefasst von einer äußeren und inneren Mauer. Portale und Terrassen sind mit kunstvollen Steinmetzarbeiten verziert. Mittelpunkt ist ein dreistufiger Pyramidenberg mit fünf gezackten Türmen. Sie symbolisieren die fünf Gipfel des mythischen Berges Meru, der als Mittelpunkt des Universums und Sitz der Hindugötter gilt.

Wenn der Tag geht, versammeln sich Einheimische und Touristen auf den steilen Stufen zum Hauptturm. Ochsenfrösche quaken, Zikaden lärmen, Krähenschwärme ziehen zu ihren Nistplätzen. Im Osten leuchten die Wolken weiß, rot, violett. Dann senkt sich die Dunkelheit herab. Die Welt schweigt. Doch wer genug Fantasie besitzt, kann Steine sprechen hören.

Links:
Big brother is watching you: Steinernes Gesicht auf dem Eingangstor zur Tempelstadt Angkor Thom.

Oben:
Baumriesen haben sich den Tempel von Ta Prohm zurückerobert.

Bilder rechts, von oben nach unten: *Steinmetzarbeiten in der Tanzhalle des Preah Khan-Tempels. – Die Toröffnung ist sieben Meter hoch: Eingang zu Angkor Thom. – Buddhistischer Mönch in der Tempelanlage von Angkor Wat. – Das südliche Eingangstor von Angkor Thom.*

Seite 50/51:
Banteay Kdei heißt diese buddhistische Tempelanlage, die Anfang des 13. Jahrhunderts gebaut wurde.

Radfahrer passieren das Eingangstor zum Banteay Kdei-Tempel, gebaut unter König Jayavarman II. Benutzt wurde die Anlage von den Mahayana-Buddhisten als Kloster.

Beim Bauen wurde weicher Sandstein benutzt, viele Gebäude im Banteay Kdei-Tempel sind eingestürzt. Eine Gruppe Mönche bestaunt die Vergänglichkeit der Zeit.

Innenhöfe, Galerien, Bibliothek bilden ein verwirrendes Muster im Banteay Kdei-Tempel. Der östliche Innenhof ist bekannt als die „Halle der Tanzmädchen". Wunderschön ist die Steinskulptur einer Apsara-Tänzerin mit ihren langen, glücksverheißenden Ohrläppchen. Ein Relief zeigt zwei der himmlischen Nymphen beim Tanz.

Oben:
Baumwurzeln umschlingen das Tor zum buddhistischen Tempel Ta Som. Um die Anlage zieht sich eine 240 Meter lange und 200 Meter breite Mauer.

Rechts:
Der Pyramidentempel Phnom Bakheng ist Gott Shiva geweiht. Wer den Anstieg scheut: Zum Gipfel kann man sich auf einem Elefantenrücken transportieren lassen.

Oben:
Im Tempel Preah Khan soll das heilige Schwert gefunden worden sein, das seinem Besitzer Anspruch auf den Khmer-Thron verleiht. Die buddhistische Anlage aus dem späten 12. Jahrhundert gilt als bedeutendster Flachtempel.

Links:
Das papierlose Büro wird auch im religiösen Leben ein Traum bleiben: Mönche lesen von Palmblättern buddhistische Texte.

Seite 58/59:
Banteay Srei ist zwar der kleinste Tempel in Angkor, gilt aber auf Grund seiner kunstvollen Ornamentik als einer der schönsten. Man kennt sogar das genaue Datum seiner Einweihung: 22. April 967.

Oben:
Ursprünglich hatte der Banteay Srei-Tempel einen unaussprechlichen Namen, Tribhuvanamahesvara; er bedeutet: „Großer Gott der dreifaltigen Welt."

Rechts:
So werden sogar Wasserläufe zu heiligen Stätten: In die Felssteine des Kbal Spean, dem Fluss der 1000 Lingams, sind mystische Figuren und religiöse Symbole gehauen.

Zuerst muss man den richtigen Stein finden, danach säubern, dann schleppen: Restaurierungsarbeiten im Banteay Srei-Tempel.

Oben:
Französische Kolonialgebäude an der Straße Nr. 1 in Battambang. Das Verwaltungszentrum der gleichnamigen Provinz ist die zweitgrößte Stadt Kambodschas.

Rechts:
Der Herr liest, das Mädchen in Schuluniform – blauer Rock, weiße Bluse – schaut. Und so verrinnt die Zeit in der Provinz.

Links:
Die eindrucksvolle Statue zeigt einen Hütejungen mit Namen Ta Dambong Kranhoung, der später König wurde. Auf der Schale liegt ein mächtiger Stab, mit dem er seine Kühe kontrollieren konnte. Als der Stab verschwand (bat dambong in Khmer) hatte Battambang seinen Namen.

Unten:
Erinnerungen an eine Zeit, als in den Tropen noch die Trikolore wehte: Kolonialgebäude an der Uferstraße in Battambang.

Auf dem Psar Nat-Markt im Zentrum von Battambang treffen sich zwei Arten von Menschen, Käufer und Verkäufer. Angeboten wird die gesamte Palette exotischer Früchte- und Gemüsesorten, dazu Fische und Muscheln aus dem Sangker-Fluss – und gehäutete Frösche aus den Reisfeldern. Guten Appetit.

Links oben:
Ein Laden in Phnom Penh verkauft Seidenstoffe, die in der sogenannten Ikat-Technik hergestellt wurden.

Links Mitte:
Die Ikat-Technik ist eine Mischung aus Knüpfen und Weben: Seidenfäden werden auf einen Rahmen gespannt und nach einem Muster abgebunden. Später führt die Weberin den Schussfaden durch das geknotete Muster.

Links unten:
Seidenfäden in den verschiedensten Farben werden zum Verkauf angeboten.

Unten:
In der Angkor Silk Farm bei Siem Reap klappern die traditionellen hölzernen Webstühle. Eine Arbeiterin webt an einem Tag rund einen Meter einfarbigen Seidenstoff; bei traditionellen Mustern webt sie 40 Zentimeter.

Die Sinnlichkeit der Seide

Unter der heißen Mittagssonne stehen Maulbeerbäume in Reih und Glied. Zikaden lärmen im hohen Gras. Aus niedrigen Gebäuden klingen die Geräusche einer fast vergessenen Tradition: Das Surren, wenn die Spule mit dem Schussfaden durch das Fach hindurchgetrieben wird; das scharfe Klacken, wenn die Lade mit dem Webblatt den neuen Faden an das Gewebe anschlägt. Willkommen bei den Weberinnen in der Angkor Seidenfarm im Bauerndorf Puok vor den Toren von Siem Reap.
Eröffnet wurde die Farm 1991 im Rahmen des Projektes „Les Artisans d´Angkor“. In den ersten fünf Jahren unterstützte Frankreich das Projekt, danach half die Europäische Union. Seit 2001 verwaltet und finanziert sich die Seidenfarm aus eigenen Mitteln. Meist weibliche Studenten lernen alles über die Anpflanzung der Maulbeerbäume, Seidenraupenaufzucht, die komplette Seidenverarbeitung. Gefärbt wird teilweise noch nach den alten Rezepturen: Grau aus den ausgekochten Ästen des Lychee-Baumes, Braun aus dem Sud von Kokosnussschalen, Rot aus dem Saft von Lackschildläusen. Im eigenen Laden werden die selbst hergestellten Produkte verkauft, Schals, Decken, Kissenbezüge, exklusive Abendkleider. Projektleiter Tep Mona sagt: „Unser Ziel ist es, für die Landbevölkerung Arbeitsplätze zu schaffen. Und zwar speziell solche, die die Identität und Kultur der Khmer-Zivilisation bewahren.“
Seide besitzt eine Seele, sagen die, die mit ihr arbeiten. Sie ist der Stoff der Götter und Herrscher. Seit mehr als tausend Jahren wird sie in Kambodscha hergestellt. Wahrscheinlich im 2. Jahrhundert zur Zeit des Funan-Reiches kam die Technik der Seidenherstellung aus China und Indien ins Land. Viele Seidenweber siedelten sich in der heutigen Provinz Takeo an, wo das edle Material vor allem für den königlichen Hof hergestellt wurde. Mit Beginn der französischen Kolonialzeit wurde kambodschanische Seide zum begehrten Exportartikel. Handgesponnen oder handgewebt hat sie eine besondere Qualität. Sie besitzt einen charakteristischen tiefen Glanz. Die kleinen Unregelmäßigkeiten des Handwebens sorgen für eine einzigartige Struktur.
Während der Diktatur der Roten Khmer wurde alles Schöne und Sinnliche systematisch zerstört. Pol Pot und seine Genossen trugen schwarze Pyjamas, Ballonmützen und Sandalen aus Autoreifen. Seide war in ihrem Weltbild bourgeoises Teufelswerk. Unbarmherzig zerstörten sie das, was einen wichtigen Teil ihrer kulturellen Erinnerung ausmachte. Webstühle dienten als Brennholz, Weberinnen wurden ermordet. Die Kunst der Seidenherstellung und Verarbeitung schien in Vergessenheit geraten zu sein.
Erst in den 90er-Jahren beginnt wieder ein zaghafter Neuanfang. Inzwischen gibt es wieder über 15 000 Weberinnen im Land. Selbst vor den Toren von Phnom Penh lebt die alte Tradition auf. Zum Weberdorf Kott Daech auf der gleichnamigen Insel im Mekong tuckert eine alte Autofähre über den Fluss. In den braunen Fluten baden buddhistische Novizen. Auf der anderen Uferseite erhebt sich auf der Anhöhe eine Kneipe mit drei Pooltischen unter einem Palmendach. An der staubigen Dorfstraße stehen eindrucksvolle Holzhäuser auf Stelzen. Unter den Häusern sind auf festgetretenem Lehmboden hölzerne Handwebstühle aufgebaut. Bei Frau Yoi sind es fünf Stück. Frau Yoi ist 54 Jahre alt und hat acht Kinder. Das Seidenweben, sagt sie, habe sie von ihrer Mutter gelernt. Sie hat die Kunst an ihre Kinder weiter gegeben. Garnrollen werden auf dem Markt in Phnom Penh gekauft, gewebt wird von Sonnenaufgang bis Sonnenuntergang. Für eine ein Meter breite und 3,5 Meter lange Stoffbahn, die kambodschanische Standardgröße für zwei Wickelröcke, benötigt Frau Yoi fünf Tage. Sie sagt: „Junge Frauen wollen moderne Farben, lila mit Streifen. Ältere bevorzugen Erdfarben wie Grün, Blau oder Grau.“ Natürlich webt sie auch die althergebrachten Kleidungsstücke kambodschanischer Frauen: Krama, den traditionellen Khmer-Schal, pha-moung, den Rock aus dicker Seide, und hol, den langen Wickelrock aus dünner Seide mit Gold- oder Silberbrokat. „Das ist ein gutes Geschäft“, sagt Frau Yoi stolz. Auch ein einträgliches. Die fünf klackenden Webstühle haben dem ältesten Sohn von Frau Yoi die Ausbildung zum Arzt ermöglicht.

Links:
Mitarbeiterin der Angkor Silk Farm beim Abhaspeln, also dem Abspulen der Seide von den Kokons.

Oben:
Eine Mitarbeiterin spult in der Angkor Silk Farm die Seide auf.

Bilder rechts, von oben nach unten:
Arbeit am Webstuhl. – Garnrollen am Webstuhl. Aus dem Kokon einer kambodschanischen Raupe entstehen 400 Meter Seidenfaden. – Seidenraupen fressen die frischen Blätter eines Maulbeerbaumes. – Nach dem Färben werden die Seidenfäden zum Trocknen aufgehängt.

Oben:
Was hier durch die Landschaft rollt, ist ein Güterzug auf der Strecke Battambang – Phnom Penh.

Rechts:
In der Station Ou Dambang wird eine Achse ausgebessert. Sie ist Teil eines einzigartigen Privatzuges: Der sogenannte Bambuszug verbindet die Dörfer entlang der Strecke nach Battambang.

Oben:
Angetriebenwird der Bambuszug von einem Kawasaki-Motor FG 230 mit 6 PS. Die Passagiere sitzen auf einer bettgestellartigen Plattform aus Bambus. Wenn ein richtiger Zug kommt, muss die Konstruktion von den Schienen gehoben werden.

Links:
Wie der Steuermann eines Schiffes sitzt Herr Dung Chan auf der Plattform. Der 52-Jährige fährt seit 25 Jahren den Bambuszug.

Oben:
Die richtige Feier beginnt erst nach Einbruch der Dunkelheit: Auf dem Tempelgelände am Hügel Phnom Sampeu haben sich die Dorfbewohner zum Mondfest versammelt.

Rechts:
Knapp 19 Kilometer südwestlich von Battambang erhebt sich der Hügel Phnom Sampeu. Sein Name bedeutet „Schiffsbug" – weil seine Form angeblich an den Rumpf eines gesunkenen Bootes erinnert.

Oben:
Eine Ebene voller Reisfelder, Obstplantagen und roter Staubstraßen: Blick vom Hügel Phnom Sampeu.

Links:
Keine Angst vor hohen Benzin- und Dieselpreisen: Ochsenkarren unterwegs in der Provinz Battambang.

Seite 74/75:
Licht und Schatten werfen ein Muster auf die Ruinen des Phnom Ek-Tempels im Dorf Tkov bei Battambang.

Wer in der Provinz Battambang reist, sieht immer wieder Bilder aus einer verloren geglaubten Zeit: Der von Palmen gesäumte Dorfweg in der Gemeinde Peam Ek. Eine Hängebrücke, die über den Sangker-Fluss führt.

Am Straßenstand wird Reispapier für Frühlingsrollen getrocknet. Und auf dem Fahrrad geht es auf den Spuren von Novalis, dem Dichter der Romantik: „Die Lust der Ferne ging uns aus, zum Vater wollen wir nach Haus."

Unten:
Der Sangker-Fluss beim Dorf Ksach Puoy. Mit vereinten Kräften sind die Dorfbewohner beim Abfischen.

Rechts oben:
Am Ufer des Sangker-Flusses repariert ein Fischer sein Netz.

Rechts Mitte:
Zum Fischen werden unterschiedliche Fanggeräte benutzt, von der Reuse bis zum Wurfnetz.

Rechts unten:
Haben wir etwas gefangen? Fischer auf dem Sangker-Fluss.

Phnom Penh und die Rückkehr der Lebensfreude

Die ganze Schönheit von Phnom Penh auf einem Bild: Sonnenuntergang am Tonle Sap-Fluss. In der Ferne erheben sich die geschwungenen Dächer und spitzen Türme des Königspalastes.

Phnom Penh ist ein Ort der großen Gesten und der kleinen Realitäten. Die Stadt, unter den Franzosen als Spiegelbild imperialer Größe errichtet, besteht aus einem Schachbrettmuster enger Gassen, gradliniger Straßen und baumbewachsener Alleen. Die Boulevards sind breit genug, um auf ihnen Siegesparaden abzuhalten. Doch über den warmen Asphalt brausen hauptsächlich knatternde Mopedhorden, bunte Tuk-Tuks und röchelnde Busse.

Auf den ersten Blick erinnert nichts daran, dass Kambodschas Kapitale einst eine Geisterstadt war. Als die Roten Khmer im April 1975 einmarschierten, wurde die Metropole in wenigen Wochen entvölkert. Längst sind die äußeren Spuren der blutigen Vergangenheit beseitigt. Zerstörte Klöster wurden wieder aufgebaut, schmuck und proper präsentieren sich koloniales Hauptpostamt, Staatsbibliothek und Zentralmarkt. Der Königspalast strahlt in alter Schönheit. In der Silberpagode, deren Fußboden mit 5000 Fliesen aus solidem Silber bedeckt ist, schreiten die Gäste konzentriert über die mattglänzenden Platten, jeder Schritt ein kleines Vermögen. Durch das Nationalmuseum strömen Schulklassen und staunen vor den Steinskulpturen einer uralten Kultur.

Am Wat Phnom, dem Wahrzeichen der Metropole, opfern Gläubige Obst und Räucherkerzen. Hier liegt der Punkt, der der Stadt seinen Namen gab. Die Legende erzählt, 1372 habe die Dame Penh am Flussufer vier Buddha-Statuen entdeckt, die sie in einem Tempel auf dem Hügel (Phnom im Kambodschanischen) unterbrachte. Träge wälzen sich die braunen Fluten des Tonle Sap und des Mekong heran, um sich zu einem breiten Strom zu vereinen. Abends warten an der Sisowath-Uferpromenade schmale Ausflugsboote darauf, Besucher in den Sonnenuntergang zu fahren.

Oben:
Rot sind die Dächer der Häuser von Phnom Penh, Gold glänzt im Hintergrund der Königspalast.

Rechts:
Zwei Mönche spazieren die Außenmauer am Königspalast entlang. Gegen die Sonne schützen sie sich mit einem gelben Schirm.

Oben:
Um 1910 wurden viele der alten Holzgebäude des Königspalastes mit Hilfe der Franzosen rekonstruiert. Hauptgebäude ist der zum Fluss ausgerichtete Chan-Chaya-Pavillon.

Links:
Jede Stadt hat ihren ganz persönlichen Biergarten. Der von Phnom Penh befindet sich auf den Rasenflächen vor dem Königspalast. In den kühlen Abendstunden treffen sich hier die Einwohner zum Picknick, Umtrunk, Entspannen.

Oben:
Das elegante Nationalmuseum zeigt Kunstwerke aus 2000 Jahren. Herausragend: Statuen und Skulpturen aus der Angkor-Periode. Schlecht: Die extra zu zahlende Fotogenehmigung erlaubt nur das Fotografieren im Innenhof.

Rechts:
Das Hauptpostamt wurde während der französischen Kolonialzeit errichtet. Früher galt die Post als hochgradig unzuverlässig. Inzwischen erreichen Postkarten Deutschland in rasanten zwei Wochen!

Links:
Die schönsten Kolonialgebäude haben sich Regierungsstellen und Hilfsorganisationen geangelt. In diesem Haus residiert die UNESCO.

Unten:
Der Bahnhof von Phnom Penh im klassischen Art-déco-Stil. Es gehört zu den großen Reisemysterien in Kambodscha, warum wann welche Züge wohin fahren.

Links oben:
Nicht schön, aber eindrucksvoll: Das Unabhängigkeitsdenkmal erinnert an das kambodschanische „Au revoir“ an die Franzosen im Jahr 1958.

Links Mitte:
Geistige Nahrung allein reicht nicht: Mobiler Imbiss vor der National University of Management.

Links unten:
Zu Dritt auf dem Moped? Kein Problem! Und wohin fahren wir? Gleich um die Ecke auf den Charles de Gaulle Boulevard, der tatsächlich so heißt.

Unten:
Noch haben die Häuser der Stadt eine menschliche Größe. Bald ist es auch damit vorbei. Ein koreanisches Unternehmen plant den Bau eines 42-stöckigen Appartementblocks mitten in Phnom Penh.

Tuol Sleng: Das Vorzimmer zur Hölle

Wer die dunkle Seite Kambodschas erspüren will, muss in die 113. Straße fahren. Hinter einer hohen, mit Stacheldraht bewehrten Mauer befindet sich Tuol Sleng. Vor der Machtübernahme durch die Roten Khmer war in den vier dreistöckigen Gebäuden die bekannteste Realschule Phnom Penhs untergebracht, Tuol Svay Prey. Dann wurde das Gelände mit elektrischem Stacheldraht gesichert, Fenster mit Eisenstangen versehen, Klassenräume in Zellen und Folterkammern umgewandelt. Ab Mai 1976 begann im Sicherheitsgefängnis 21, kurz S-21 genannt, die mörderische Arbeit.

Wie jeder paranoide Gewaltherrscher war auch Pol Pot von der Furcht besessen, von Verrätern und Spionen umgeben zu sein. In S-21 sollten die Feinde der Revolution ausgemerzt werden. Sie wurden einzeln herangeschafft, in Gruppen, manchmmal lastwagenweise. Am Ende waren es 14 000 Männer, Frauen und Kinder. Sie wurden fotografiert, mussten sich ausziehen, wurden in eiserne Fußketten gelegt. Isolation, Schlafentzug, Hunger, Angst und Folter waren ab jetzt ihre fünf apokalyptischen Reiter. Alles, was das Opfer sagte, wurde bestraft, verleugnet, bestritten, bis jeder Hauch von Selbstrespekt dahin war. Schmerzen durften nicht gezeigt werden. Das sechste Gebot der Folterknechte lautete: „Wenn du Schläge oder Elektroschocks bekommst, darfst du auf keinen Fall schreien." Nie stellte sich die Frage nach Schuld oder Unschuld, keiner hatte eine Chance, dem Inferno zu entgehen. Tuol Sleng war das Vorzimmer zum Tod. Geleitet wurde S-21 vom ehemaligen Mathematiklehrer Kang Keck Ieu, alias Duch. In einem Interview mit einem italienischen Journalisten gestand er später zynisch: „Ich und alle anderen, die an diesem Ort arbeiteten, wussten, dass jeder, der dort hin kam, psychologisch zerstört und durch ständige Arbeit eliminiert werden musste und keinen Ausweg bekommen durfte. Keine Antwort konnte den Tod verhindern. Niemand, der zu uns kam, hatte eine Chance, sich zu retten."

Wer seine angeblichen Verbrechen gestand, wurde entweder gleich an Ort und Stelle getötet und vergraben. Oder er wurde nach Choeung Ek transportiert, dem Vernichtungslager vor den Toren von Phnom Penh. Um Munition zu sparen, erschlug man die Opfer mit Knüppeln, Hacken, Beilen und Eisenstangen, verscharrte sie in Massengräbern. 129 dieser Gräber wurden entdeckt, 17 000 Menschen fanden hier den Tod. Heute sind die sogenannten Killing Fields eine Sehenswürdigkeit. Ausländer zahlen zwei Dollar Eintritt. In einer großen buddhistischen Stupa, in der 5000 Totenschädel und Knochen aufbewahrt sind, wird der Toten gedacht. Selbst an schönen Sommertagen scheint das Böse wie eine dunkle Wolke über dem ehemaligen Obstgarten zu liegen. Zwischen Bäumen und Sträuchern stehen offene Holzhütten, darunter liegen grasbewachsene Gruben, aus denen die Körper exhumiert wurden. Ein Schild verrät: „Massengrab mit 166 Opfern ohne Köpfe." Die nächste Hütte: „Massengrab mit über 100 Kindern und Frauen, von denen der Großteil nackt war." Ein Baum mit dem Hinweis: „Magischer Baum, an dem ein Lautsprecher hing, der das Stöhnen der Opfer, die getötet wurden, übertönen sollte." Das Gras auf den Massengräbern ist genauso grün wie anderswo.

Bisher wurden in ganz Kambodscha 343 solcher Mörderstätten gefunden. Es gab 189 Gefängnisse. Von den Inhaftierten hat keiner überlebt. Nur in Toul Sleng gab es sieben Überlebende. Nur sie konnten Zeugnis ablegen. Einer von ihnen ist der Maler Vann Nath. Der heute 62-Jährige lebt mit seiner Frau und seinen drei Kindern in Phnom Penh. Er besitzt ein Restaurant, das nicht gut läuft. Er ist nierenkrank, zweimal die Woche muss er zur Blutdialyse. 1978 wurde er in Battambang, der zweitgrößten Stadt Kambodschas, als angeblicher CIA-Agent verhaftet. „Wir wussten, wenn unsere Namen von den Roten Khmer aufgerufen wurden, würden wir sterben", erinnert er sich. Doch in Tuol Sleng wurde er von Kommandant Duch damit beauftragt, Porträts eines ihm unbekannten Mannes zu fertigen. Zwölf Monate lang, bis zur Befreiung Tuol Slengs durch die Vietnamesen, malte er Bilder für Parteibüros, Versammlungshallen und Kantinen. Die Gemälde des Unbekannten zeigten Pol Pot, Bruder Nummer Eins, den lächelnden Massenmörder Kambodschas.

Links:
„Massengrab" steht lapidar auf diesem Schild im Vernichtungslager von Choeung Ek.

Oben:
Die Klassenzimmer von Tuol Sleng wurden in Kerkerräume verwandelt.

Rechts oben:
Frau Phalla, die als Führerin in Tuol Sleng arbeitet, hat durch die Roten Khmer fast alle Familienmitglieder verloren.

Rechts Mitte:
Stupa auf den Killing Fields von Choeung Ek.

Rechts:
Der Maler Vann Nath ist einer der sieben Überlebenden von Tuol Sleng.

Wir lieben fettige Kartoffelchips und Erdnussflips. In Kambodscha sind Snacks biologischer und proteinhaltiger. Auf der Sisovath-Promenade am Tonle Sap-Fluss werden folgende Spezialitäten angeboten: frittierte Insekten wie Käfer, Spinnen, Heuschrecken; getrockneter Tintenfisch, der in Kambodscha mit Chilisoße gegessen wird, in Japan mit Mayonnaise. Zugegeben, für die gegrillten Schlangen muss man ein Faible haben.

Täglich geht die 12-jährige Phektra zum Spinnen fangen. Mit ihrer Tante Chun, 50, frittiert sie die Insekten in heißem Öl, würzt sie mit Salz, Zucker und Glutamat. An der Bushaltestelle im Dorf Skoun verkauft sie die Spinnen zum Stückpreis von 500 Riel, das sind knapp 10 Eurocent.

Ende Oktober, Anfang November findet in Phnom Penh das größte Festival statt, bonn om tuk, das Wasserfest. Aus allen Landesteilen kommen Mannschaften zum berühmten Drachenbootrennen auf dem Tonle Sap-Fluss. Die schmalen, bunt bemalten Holzboote sind bis zu 30 Meter lang und werden von bis zu 65 Ruderern bemannt.

Oben:
Dieser eindrucksvolle Kuppelbau ist der Zentralmarkt in Phnom Penh. Errichtet wurde er 1936 im Art-déco-Stil.

Rechts:
Französisches Schmuckstück: Unter der luftigen Kuppel des Zentralmarktes werden Edelsteine und Silberschmuck verkauft.

Links:
Merkwürdiges Grünzeug? Nein, hier werden Lotossamen verkauft. Man kann sie sogar roh essen.

Unten:
Gemüseverkäuferin im Psar Chas, dem Alten Markt von Phnom Penh.

Oben:
Auf einem Hügel erhebt sich Wat Phnom, Wahrzeichen der kambodschanischen Metropole. Der Tempel wurde 1372 errichtet, danach immer wieder erneuert und vergrößert.

Rechts:
Gläubige spenden Obst, Räucherstäbchen und Geld im Wat Phnom. Viele Khmer pilgern zur Stupa, in der die Asche von König Ponhea Yat (1421–1462) aufbewahrt wird.

Oben:
Das Innere des Tempels ist überfüllt mit Buddha-Figuren, Altären, Kerzen, Opfergaben.

Links:
Göttliche Worte nur für Eingeweihte: buddhistische Schriften auf Palmblättern im Wat Phnom.

Apsara: Der Tanz der himmlischen Nymphen

Die umfangreichste Galerie der Schönheit befindet sich im mächtigen Tempel von Angkor Wat. Unbekannte Steinmetze haben zwischen 1110 und 1150 die Wände mit rund 1850 Göttinnen (devatas) und halbgöttlichen Tänzerinnen (apsara) geschmückt. Sie entsprechen dem Schönheitsideal, das bis heute in Kambodscha gilt: Hohe Brüste, enge Taillen, leichte Bäuche als Zeichen der Fruchtbarkeit, kräftige Beine. Sie haben lange, glücksverheißende Ohrläppchen. Hohe Kronen schmücken ihr Köpfe. Um den Hals tragen sie Schmuck, an den Füßen Reifen. Die langen, gespreizten Finger scheinen zu den Wolken zu weisen. Auf den vollen Lippen der Apsara-Tänzerinnen liegt ein entrücktes, geheimnisvolles Lächeln, es wird das Lächeln von Angkor genannt.

Das Wort Apsara stammt aus dem Sanskrit und bedeutet „Wasserwandlerinnen“. In der indischen Mythologie, die von den frühen Khmer-Herrschern übernommen wurde, galten sie als Halbgöttinnen. Sie bewohnten den Himmels- und Luftraum, waren Mittlerinnen zwischen Mensch und Göttern, Bewahrer der Tradition. Abgeschieden lebten sie in Tempeln. Nur vor den Königen traten sie auf. Ihr Tanz war die sinnlichste Form der Ahnenverehrung. Natürlich wurden die Schönsten unter ihnen zu Konkubinen des Herrschers. Erst viel später durfte auch das einfache Volk die Auftritte von Apsara-Tänzerinnen bewundern.

Nur wenige Tänzerinnen und Musiker des Königlichen Balletts entkamen dem Terrorregime Pol Pots. Blindwütig zerstörten die Roten Khmer die Bühnen und Bibliotheken des Königlichen Balletts, Musikinstrumente und wertvolle Kostüme. Die Partituren Hunderter verschiedener Tänze gingen verloren. Seit den 80er-Jahren erlebt die musikalische und tänzerische Tradition eine Renaissance. Längst gibt es wieder ein Königliches Ballett. An der „Königlichen Universität der Künste“ werden neue Generationen von Tänzerinnen unterrichtet. Von den 400 Bewerberinnen, die sich jedes Jahr anmelden, werden gerade mal 40 angenommen. Neun Jahre lang üben die jungen Mädchen für ein Diplom. Mehr als 1500 Haltungen und Gesten müssen immer wieder geübt werden. Die UNESCO hat den Tanz der himmlischen Nymphen offiziell als wertvolles Kulturerbe der Menschheit anerkannt.

Einer der Plätze, an dem auch Besucher die Tanzausbildung verfolgen können, ist die Apsara Arts Association. Der gemeinnützige Verein residiert in einem rechteckigen, luftigen Holzgebäude an der 598. Straße in Phnom Penh. An den offenen Seiten hängen Bambusrollos, die bei Regen oder starkem Sonnenschein herunter gelassen werden. Im Büro sind zwölf Reissäcke aufgeschichtet. Der Unterricht in Klassischem und Folkloretanz geschieht auf einer erhöhten Bühne. Trommeln, Flöten, Gongs und Xylophon spielen zur Begleitung. 157 Schüler zwischen vier und 23 Jahren, darunter 20 Jungen, nehmen am Unterricht teil. Unterrichtet wird in zwei Schichten, von 7.30 bis 10.30 Uhr, und von 14 bis 17 Uhr.

Fräulein Palin kommt seit zehn Jahren täglich in die Schule. Beim Training trägt die 18-Jährige einen Wickelrock und ein besticktes Trikot. Konzentriert bewegt sie sich zu den rigiden Abläufen einer ungeschriebenen Partitur. Immer wieder werden die Studentinnen von ihrer Lehrerin korrigiert, bis sie formvollendet in die Knie sinken, sich ihre Wirbelsäulen wie Bogen spannen oder ihre Beine abgewinkelt nach hinten stehen. Vor der Bühne sitzen die Kleinsten und ahmen die komplizierten Bewegungen nach.

Später treten drei junge Paare auf. Die Mädchen knien auf dem Boden und streicheln über etwas großes, rundes. „Das ist der Kokosnuss-Tanz. Der wird bei Hochzeiten aufgeführt“, erklärt Fräulein Palin. Danach kommt eine Gruppe kleiner Jungen und Mädchen. Sie tanzen und singen und klatschen in die Hände. „Das ist der Friedenstauben-Tanz“, lächelt Fräulein Palin. Tatsächlich ist das, was da aufgeführt wird, mehr als ein choreografischer Ablauf langsamer Bewegungen: Tanzend wird die eigene Welt erklärt, das richtige Sozialverhalten untereinander vorgeführt, eine Brücke zur Vergangenheit geschlagen. „Der Tanz der Apsara ist das Herz Kambodschas“, sagt Fräulein Palin.

Wir sind zu Besuch bei der „Apsara Arts Association“ in Phnom Penh. Der gemeinnützige Verein bildet junge Menschen im traditionellen Apsara-Tanz aus. Die Kleinen lernen von den Großen, die Großen von ihrer strengen Lehrerin. Mehr als 1500 Haltungen und Gesten müssen immer wieder geübt werden. Jede der Hand- und Fußbewegungen hat eine Bedeutung.

Zurück ins 12. Jahrhundert: In der grandiosen Kulisse des Preah Khan-Tempels in Angkor treten Mitglieder der „Royal Ballet Association" von Siem Reap auf. Die Apsara-Tänzerinnen tragen den aufwändigen Kopfschmuck, Armreifen aus Elfenbein und vergoldete Fußringe.

Seite 102/103:
Die Provinzmetropole Kompong Chhnang liegt inmitten eines großen Feuchtgebietes. Zur Regenzeit stehen weite Landesteile unter Wasser, Straßen verwandeln sich in Flüsse, Häuser thronen auf Stelzen über den Fluten.

Unten:
Gemüsebeete und Stelzenhäuser im Tonle Sap-Fluss bei Kompong Chhnang.

Rechts oben:
Petri Heil! Petri Dank! Erfolgreicher Fischfang auf dem Tonle Sap.

Rechts Mitte:
Nur am Anfang riecht es ein wenig streng: Auf einer Terrasse werden Fische zum Trocknen ausgelegt.

Rechts unten:
Geschäft auf Planken: Gemüsehändlerin im Hafen am Tonle Sap.

Oben:
Selbst die kleine Mahlzeit für Zwischendurch kommt auf dem Boot: Suppenküche.

Rechts:
Eigentlich wird in den verzinkten Blechschüsseln die Wäsche gewaschen. Man kann aber auch darin Boot fahren.

Links:
Auch ein Gemüsebeet auf Bambusstelzen muss gewässert werden.

Unten:
Der Traum von den eigenen vier Wänden wird überall wahr: Schwimmendes Haus auf dem Tonle Sap-Fluss bei Kompong Chhnang.

Linke Seite:
Radfahrerin vor dem Wat Nokor in der Nähe der alten Kolonialstadt Kompong Cham. Die Tempelanlage ist aus dem 11. Jahrhundert.

Merkwürdige Begegnung in der Provinz: Hier sehen wir Sombath, eine kleine Freundin des sechsjährigen – und Sonbaths Spielgefährten: der fünf Meter lange Tigerpython Lucky. Täglich kommen Gläubige zu Besuch, die Lucky als Wiedergeburt Buddhas sehen.

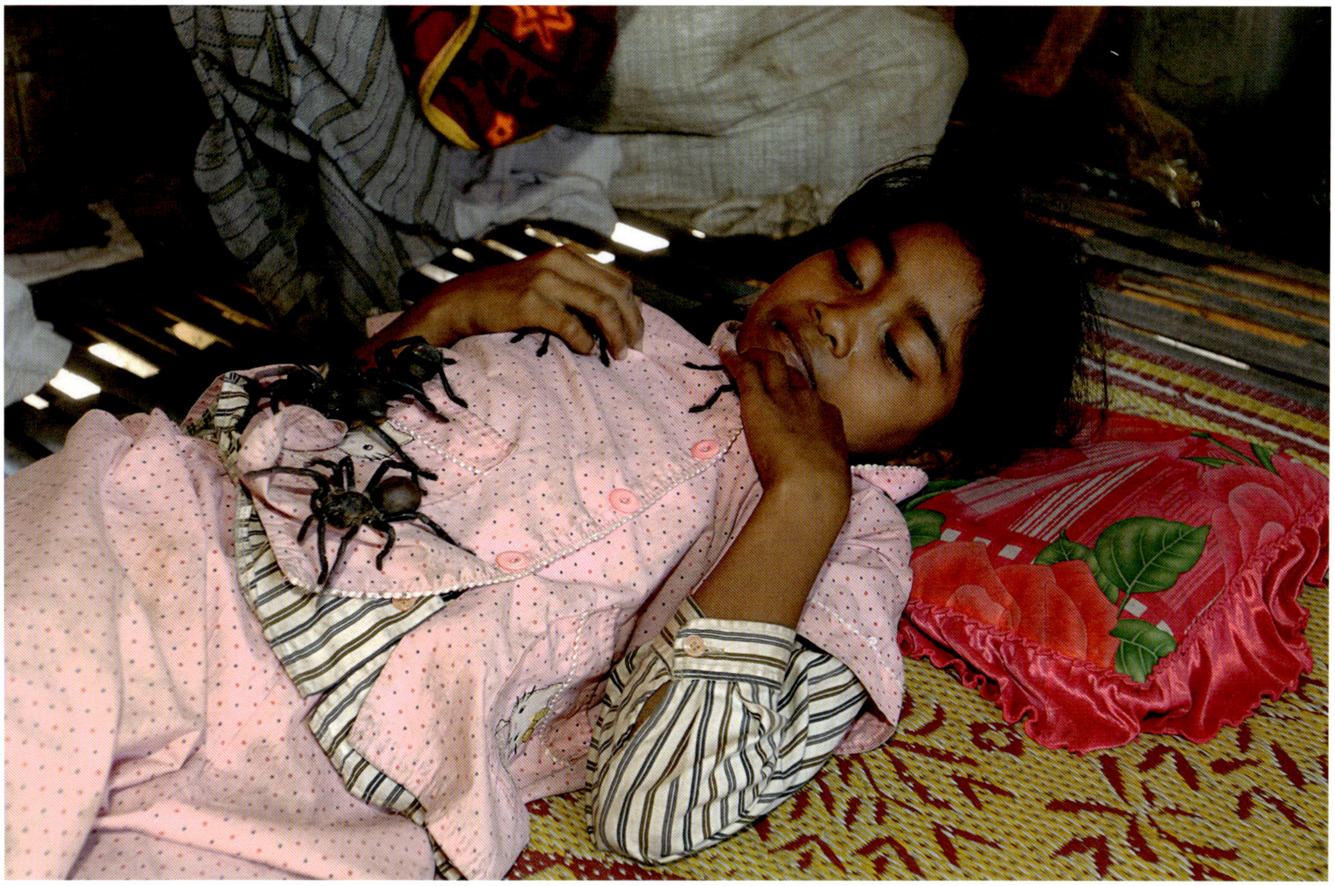

Die 12-jährige Phektra, wir haben sie schon auf Seite 91 kennen gelernt, spielt mit ihren gefangenen Spinnen. Die Giftklauen hat sie sicherheitshalber entfernt. Irgendwann landen alle Insekten im heißen Öl und werden frittiert.

Sihanoukville und das Blau des Himmels

Viel Platz für viele, viele Touristen: der Otres-Strand bei Sihanoukville.

Rund drei Autostunden westlich von Phnom Penh beginnt die kambodschanische Leichtigkeit des Seins. Unter einem weiten blauen Himmel spannt sich der Golf von Siam. Die Küste ist eine pittoreske Aneinanderreihung von Buchten, Sandstränden und Fischerdörfern. Die Strände heißen Sokha, Ochheuteal, Serendipity, Otres: weiße Sandstreifen, nadelnde Kasuarinen anstelle raschelnder Palmen, türkisfarbenes Wasser. Vor der Küste liegen das Eiland Koh Kong und die Zwillingsinsel Koh Rong mit einsamen Stränden und exzellenten Tauchgründen. Am Wochenende strömt Kambodschas wieder auferstandene Mittelklasse zum Baden und Grillen ans Meer. Die Fischrestaurants sind überfüllt mit Einheimischen und Touristen. Es ist eine Idylle der kleinen Preise – Garnelengerichte ab drei, Gasthäuser ab fünf, Mittelklassehotels ab zwanzig Dollar.

Der alte Name lautet Kompong Som, wir kennen sie als die Stadt des Königs, Sihanoukville. Sie ist Kambodschas wirtschaftliches Tor zur Welt. 1960 wurde hier der erste und einzige Tiefseehafen des Landes eröffnet. Neben der alten Mole und den Warenhäusern entstand inzwischen ein neuer moderner Containerhafen. Niemand behauptet, Sihanoukville sei eine schöne Stadt. Ein staubiger Busbahnhof als geografischer Mittelpunkt, eine breite Hauptstraße mit Restaurants, Geschäften und genügend Banken, um eine mittlere Finanzkrise auszulösen. Die schönsten Grundstücke in Meeresnähe sind längst verkauft und von hohen Mauern umgeben. Nicht mehr lange, dann wird auch Sihanoukville ein Baderessort sein mit hässlichen Bettenburgen und All-inclusive-Angeboten. Aber bis dahin ist noch ein wenig Zeit.

Rechts:
Geschäftiger Fischmarkt am Teuk Chhou-Fluss in Kampot. Das idyllische Provinznest war einst die Hafenstadt des französischen Kambodschas.

Unten:
Gemächlich fließt der Teuk Chhou-Fluss durch die Stadt Kampot. Bis Vietnam sind es nur 40 Kilometer.

Oben:
Das Leben ist ein langer, stiller Fluss: Eine romantische Fahrt auf dem Teuk Chhou zählt zu den Attraktionen in Kampot.

Links:
Heute Spielplatz, morgen Arbeitsplatz: Kinder auf einem Fischerboot auf dem Teuk Chhou-Fluss.

Links oben:
Unterwegs im kühlen Berggebiet des Bokor Nationalparks bei Kampot. Der Park wurde erst 1993 als Schutzgebiet ausgewiesen.

Links Mitte:
Guck mal, wer da ist: Neugieriger Frosch im Bokor Nationalpark.

Links unten:
Ihren Namen hat sie von den gefalteten Vorderfüßen: Gottesanbeterin.

Unten:
Reisen nur im zweiten Gang: Lehmstraße im Bokor Nationalpark.

Oben:
Blick vom Hotel Bokor Palace. 1925 wurde das Luxushotel und Casino auf dem Hochplateau mit Namen Bokor Hill Station gebaut. In 1080 Metern Höhe kühlten sich die französischen Kolonialherren vom heißen kambodschanischen Leben ab.

Rechts:
Das verfallene Bokor Palace Hotel & Casino. Inzwischen gibt es Pläne, Hotel und Spielcasino zu restaurieren, neue Luxushotels, Appartements, Krankenhaus und einen Golfplatz zu bauen.

Links:
Herrschaftliches Zuhause: Der Palast von König Sisowath Monivong, rund acht Kilometer unterhalb von Bokor Hill Station.

Unten:
Die Ruine der katholischen Kirche auf dem Bokor Hill. Häufig zieht dichter Nebel auf, der Gebäude und Landschaft in eine Geisterwelt verwandelt.

Oben:
Am Wochenende ist der Kbal Chhay-Wasserfall bei Sihanoukville beliebter Ausflugsort für Schulklassen und Firmenabordnungen. Auf dem großen Parkplatz in der Nähe dampft es aus Dutzenden von Garküchen.

Rechts:
Grüne Hügel, hohe Palmen, malerische Reisfelder: Küstenstraße zwischen Kampot und dem einstigen Seebad Kep.

Attraktion bei Kampot: Die Stromschnellen des Flusses Teuk Chhou.

Alle Bilder dieser Doppelseite:
Begegnungen auf der Straße von Kampot nach Kep: Die Schüler radeln nach dem Ende ihres Unterrichts nach Haus. Ein Bauer pflügt mit einem Ochsengespann. Eine Gruppe Kinder ist in einer Fahrradrikscha unterwegs.

Seite 122/123:
Fischerboote ankern im Hafen von Kep. Vor der Machtergreifung durch die Roten Khmer war Kep ein mondäner Badeort. Inzwischen gibt es wieder eine touristische Zukunft: Grundstücke werden zu Höchstpreisen gekauft, die Ruinen französischer Kolonialhäuser in Restaurants und Hotels verwandelt.

__Rechts:__
Frau Kou Seng, 48, überprüft die Körner einer Pfefferpflanze. Um Kep liegen mehrere Plantagen, in denen Pfeffer angebaut wird.

__Rechts oben und unten:__
Krabben sind der kulinarische Höhepunkt in den Restaurants von Kep. Sie werden mit frischem grünen Pfeffer gekocht oder gebraten.

__Ganz rechts:__
Grüner Pfeffer wird aus unreifen Körnern gewonnen.

Oben:
Die Küste bei Kep. Mit den Stränden ist es nicht soweit her. Zum Baden und Schnorcheln lässt man sich zu den vorgelagerten Inseln bringen.

Links:
Aus dem Meer frisch auf den Tisch: Fischrestaurants am Hafen von Kep.

Oben:
Luftige Wohnanlage: Pfahlhaussiedlung in der Nähe von Sihanoukville.

Rechts:
Korbwaren werden auf diesem Stand auf dem Psar Leu-Markt in Sihanoukville verkauft.

Links:
Mächtige Palmen im Ream Nationalpark bei Sihanoukville. Der Park umfasst 210 Hektar Küstenlandschaft mit Mangrovenwäldern und Korallenriffen.

Unten:
Jede Menge Vitamine: Gemüsestand auf dem Psar Leu-Markt.

Oben:
Fährmann, hol' über: Auto- und Personenfähre zwischen Sihanoukville und Koh Kong an der thailändischen Grenze.

Rechts:
Ein Pkw verlässt eine Fähre. Auf der Strecke Sihanoukville – Koh Kong müssen vier Flüsse überquert werden. Die Brücken sollen bis Ende 2009 fertig gestellt sein. Bis dahin heißt es noch: Warten auf die nächste Fähre.

Oben:
Das Fischerdorf Stung Hau bei Sihanoukville. Sehenswert ist die Werft, in der die traditionellen Fischerboote in Handarbeit gefertigt werden.

Links:
An der Mole von Stung Hau sind die Boote vertaut.

Ein Foto für Sonnenanbeter: Der Serendipity Strand bei Sihanoukville. Die Strandverkäuferinnen sorgen dafür, dass es einem unter dem Sonnenschirm nicht zu langweilig wird.

Oben:
Eine Bungalow-Anlage am Sokha Beach bei Sihanoukville. Die Anlage trägt den stolzen Namen Malibu.

Links:
Erinnerungsfoto am Ochheuteal Beach. An dem langen Sandstrand gibt es eine Reihe von Restaurants und Unterkünften.

Seite 132/133:
Der Tag geht, das erste kühle Angkor-Bier wartet: Sonnenuntergang am Serendipity Strand.

REGISTER

Nakhon Ratchasima
Banteay Chhmar
Svay Chek
Ou Chrov
Phnom Bak
Phnom Chun
Bavel
Battambang
Phnom Sampeu
Prasat Banan
Pailin
Phum Treng
Chanthaburi
Trat
1711m
Peam Prus
1717m
Koh Chang
Koh Kut
Khun Chham
Khrun Phaen
Golf von Thailand

Ubon Ratchathani
Pakse
LAOS
Attapeu
Plei Can
Champasak
1326m
1484m
Surin
Virachey N.P.
Plei Ku
Chuor Phnom Dangrek
Khe Kraom
Siempang
Ta Vaeng
Muang Khong
Tongle San
Voum Sai
Choam Khsan
Anlung Veng
Kampa Du
Bung Lung
Bar Kev
Taa Ang
Rumchek
Trapeang Pring
Tongle Kong
Lumphat
Sen
Kulen
Kampong Pranaak
Chey Sen
Thala Barivat
Stung Treng
Chong Kai
Sangkum Andet
Varin
Sre Noy
Kampong Putrea Chas
Moung
Kaoh Nhek
Mireuch
Phnom Kulen N.P.
Angkor Thom
Ta Seng
Rovieng Cheung
Pouk Chas
Banteay Samrae
Angkor Wat
Siem Reap
Buon Me Thuot
Mekong
Moat Peam
Prasat Bakong
Damrei Damdek
Toek Moleang
Schwimmende Dörfer
Kantran
Chi Kreng
Chbar
Prasat Barsaet
Sala Vichey
Tonle
Sandan
Stoung
Khtang
Kampong Samna
Schwimmende Dörfer
KAMBODSCHA
Sen Monorom
Phnom Sambok
Schwimmende Dörfer
Sambor
Dak Dam
Sva Pream
Kampong Thom
Kratie
Sap
VIETNAM
Thnal Bal
Kh Thmar
Schwimmende Dörfer
Toch
Samraong
Krakor
Prasat Satu
Baray
Spoe Thong
O Am
Kien Duc
Pursat
Ponley
Kroch Chhmar
Chhlong
Bak Tra
Kampong Chhnang
Sampong Chey
Phnompros Phnom Srei
Snuol
Kareng
Kravanh
Phrea Theat
Prey Khmer
Skoun
Kampong Cham
Wat Nokor
Memot
Phsar Bomeas
Batheay
Suong
Ponnea Krek
1770m
Kampong Tralach
An Loc
Chuor Phnom Kravanh
Khvet
Odong
Thmei
1192m
Phnom Baset
Phnom Penh
Prey Veng
Tay Ninh
Kampong Spoe
Tokhmau
Thnaot
Kong
Prek Vatt
Phum Thonmon
Bavet
Chrang Khpuos
Traeng Trayueng
Suay Rieng
Mekong
Phnom Chisor
Ho Chi Minh (Saigon)
Chi Meal
Sre Ambel
Ang Tasaom
Takeo
Dong Peng N.P.
Chaamkar Luong
Phnom Da
Chhak Kampong Saom
Phnom Bokor N.P.
Chhuk
Angkor Chey
Chau Doc
Vung Tau
Sihanoukville (Kampong Som)
Prey Nup
Kampot
Phnom Bayang
My Tho
Kampong Trach
Long Xuyen
Ream
Ream N.P.
Kep
Ha Tien
Koh Thmei
Dao Phu Quox
Can Tho
Südchinesisches Meer

Das letzte Foto aus Kambodscha. Es zeigt buddhistische Mönche beim Essen. Und nun heißt es: Lin sen hay. Das ist Khmer und bedeutet natürlich: Auf Wiedersehen!

Impressum

Buchgestaltung
hoyerdesign grafik gmbh, Freiburg
www.hoyerdesign.de

Karte
Fischer Kartografie, Aichach

Printed in Germany
Repro: Artilitho snc, Lavis-Trento, Italien
www.artilitho.com
Druck und Verarbeitung: Offizin Andersen Nexö, Leipzig

ISBN 978-3-8003-1916-9